В мире животных

Москва
«Махаон»
2009

Содержание

Животный мир поражает нас своим разнообразием. Среди животных есть великаны и крошки, **хищники** и мирные **травоядные**, есть заядлые путешественники и спокойные домоседы. Одни живут на суше, другие плавают в реках, озёрах и морях. А есть и такие животные, для которых родная стихия – воздух.

Фламинго

Эти красивые грациозные птицы гнездятся большими колониями на озёрах в Америке, Африке и Азии. Свои гнёзда фламинго строят из ила. Они бродят по мелководью на высоких тонких ногах и, опуская в воду изогнутые клювы, собирают мелких рачков и другую водную живность.

Пища фламинго

Кормом для фламинго служат водные насекомые, креветки и другие мелкие ракообразные.

Рачок

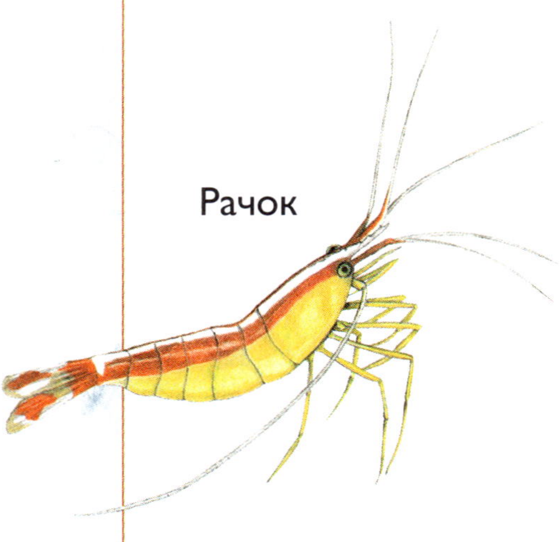

Фламинго процеживает воду в поисках рачков.

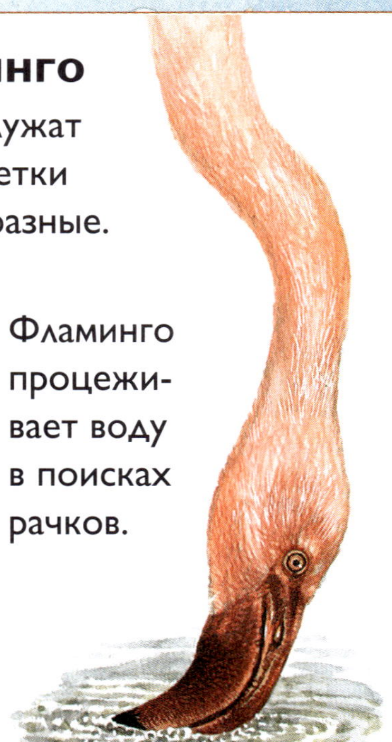

Если бы не длинная шея, фламинго не смог бы дотянуться до воды. Изогнутый клюв с боковыми пластинками внутри помогает отцеживать из воды ***рачков*** *и других водных животных.*

Насекомые

Тело насекомого состоит из трёх отделов. В головном отделе расположены глаза, рот и чувствительные антенны, служащие органами осязания, обоняния, вкуса и слуха. От грудного отдела отходят крылья и три пары ног. В брюшном расположены внутренние органы.

Антенны насекомых

Эта красиво окрашенная кобылка (родственница кузнечика) громко стрекочет. Такой звук возникает при трении задних ног, покрытых шипиками, о крылья.

Задняя нога
Крыло

Колючие звери

Тело некоторых **зверей** покрыто острыми **иглами**, которые защищают их от хищников. Одно из этих редких существ, ехидна, обитает в Австралии. В засушливых районах Евразии и Африки встречается дикобраз. А нам хорошо знакомы такие колючие зверьки, как ежи.

Австралийская ехидна

Ехидна ловит муравьёв и червей длинным липким языком.

Этот колючий зверёк – проехидна – любит полакомиться червями.

Разные иглы

У дикобразов иглы длинные твёрдые и острые. Иглы у ежей гораздо короче и обычно не такие твёрдые.

Дикобраз

Ёж

Крокодилы

Крокодилы – крупные **рептилии**, живущие в пресных водоёмах. Тело крокодила покрыто **чешуёй**, а челюсти вооружены острыми зубами. Крокодилы – хищники. Большие крокодилы охотятся на черепах, птиц, а также на таких животных, как зебры, антилопы и буйволы.

Нильский крокодил

Движение на суше

Хотя крокодилов называют пресмыкающимися, они не только ползают, касаясь земли брюхом, но могут ходить и даже быстро бегать.

Черепахи

Черепахи – рептилии с прочным, тяжёлым панцирем. Большинство видов черепах обитает в **пустынях** и **степях.** Черепахи медлительны, но очень выносливы. Питаются главным образом растениями. Крупные черепахи живут до ста лет.

Большие и маленькие

В пустынях черепахам хватает той воды, которая содержится в стеблях кактусов.

Змеи

Змеи – безногие рептилии с гибким вытянутым телом. Они охотятся на мелких зверьков, лягушек и птиц, которых глотают целиком. Некоторые змеи убивают добычу, кусая её ядовитыми зубами. Змеи проворно ползают по земле и лазают по ветвям деревьев и кустарников.

Это интересно

Разная форма змеиной чешуи

Несколько раз в год змеи линяют – меняют старую кожу, покрытую чешуёй, на новую. При этом старая кожа сползает целиком, словно чулок.

Глаза змеи

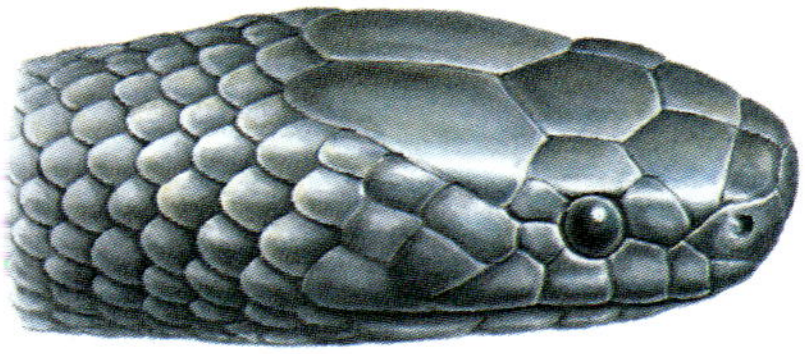

Глаза змеи покрыты тонкой, прозрачной плёнкой, поэтому её взгляд кажется неподвижным.

Старая кожа чулком сползает с тела змеи.

Кенгуру

Кенгуру – сумчатые **млекопитающие**, живущие в Австралии. Сразу после рождения крошечный детёныш забирается в сумку на животе матери. Там он проводит несколько месяцев, питаясь материнским молоком, и заметно подрастает. Кенгуру – травоядные животные. Днём они спят, а в сумерках выходят из своих убежищ, чтобы покормиться.

Забраться в сумку непросто

Надо залезть головой вперёд...

...и повернуться.

Теперь можно выглянуть наружу.

Самцы кенгуру любят подраться. При этом они бьют друг друга и толкают. Задними ногами они бьют очень сильно.

Яркое оперение

Многие птицы тропиков, например попугаи, окрашены очень ярко. Окраска оперения помогает птицам узнавать друг друга. А в тропическом лесу пёстрая окраска делает птиц незаметными среди множества цветущих растений.

Красный ара

Веерный попугай

Машущий полёт

Большинство птиц летает так, как попугаи: постоянно опуская и поднимая крылья. Такой полёт называется машущим, так как птицы всё время машут крыльями.

Трёхцветный лори

Радужный тукан

Туканы живут в жарких и влажных тропических лесах Южной Америки.

Лемуры

Лемуры – полуобезьяны из группы приматов – обитают на острове Мадагаскар. Они едят насекомых и ящериц, листья и плоды рестений. Всего существует 16 видов лемуров. Многие из них живут большими группами. Часто в ночном лесу можно услышать их крики.

Это интересно

Большие глаза лемуров позволяют видеть в темноте. Кошачьи лемуры держат свои полосатые хвосты кверху. Это помогает им не потерять друг друга среди густой растительности.

Слоны

Слоны живут в Азии и Африке. Африканские слоны – самые крупные сухопутные животные в мире. Семья слонов состоит из самок разного возраста и слонят. Возглавляет семью старая мудрая самка. Взрослые самцы живут отдельно, небольшой группой или поодиночке.

Это интересно

На ногах у слона по пять пальцев, хотя их и трудно разглядеть.

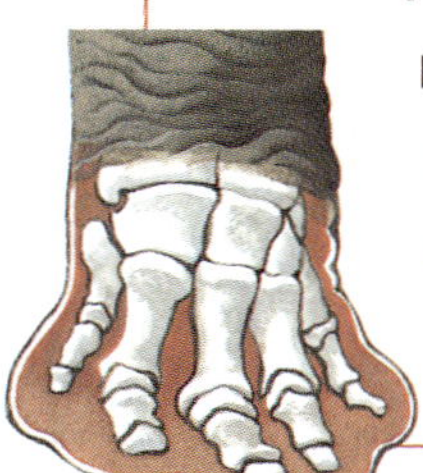

Чтобы охладиться в жаркий день, слоны набирают воду в хобот и поливают себя.

Различия

Бивни у африканского слона длиннее, чем у индийского.

Африканский слон

Индийский слон

Аллигаторы

Аллигаторы – близкие родственники крокодилов. Они живут в реках и болотах. Существует два вида аллигаторов. Один обитает в Северной Америке, другой в Китае. Аллигаторы – хищники. Они охотятся на водных птиц, мелких зверей и рыб.

Подо льдом

В морозные зимы аллигаторы отсиживаются на дне водоёмов, проделав во льду дыхательное отверстие.

Зубастый охотник выпрыгивает из воды и хватает выпавшего из гнезда птенца цапли.

Это интересно

Аллигаторы роют на болотах небольшие пруды, в которых пережидают засуху.

Дельфины афалины плавают группами недалеко от берега. Они любят играть и резвиться. Часто можно увидеть, как несколько дельфинов вместе выпрыгивают из воды.

Дельфины

Дельфины – млекопитающие животные из группы зубатых китов. Большинство видов дельфинов – морские обитатели, но есть и речные дельфины. Обтекаемая форма тела позволяет этим китообразным быстро скользить в воде, а острые зубы – хватать и удерживать скользкую рыбу.

Морские гиганты

Синий кит – самое крупное животное на Земле. Этот морской гигант ест мелких рачков – криль – и совершенно безобиден. Самки китов обычно крупнее самцов.

Африканский слон

Спрут

Гигантские кальмары (спруты) живут в тёмных океанских глубинах. Эти огромные моллюски иногда становятся добычей кашалотов.

Синий кит

Взрослая самка синего кита в 25 раз тяжелее африканского слона – самого крупного из сухопутных животных. Её сердце по размеру сравнимо с небольшим автомобилем.

Подумай!

Составь из букв слова и подбери к ним картинки.

ДЕФИНЛЬ

РАЗИДКОБ

АЛГАЛИТОР

НАТУК

Словарик

Галапагосы – острова в Тихом океане близ экватора.

Звери – млекопитающие животные.

Иглы – видоизменённые волосы, покрывающие тело некоторых млекопитающих.

Мадагаскар – остров в Индийском океане, вблизи восточного побережья Африки.

Млекопитающие – четвероногие животные, покрытые шерстью. Самки выкармливают детёнышей своим молоком.

Пустыня – большая территория с жарким, сухим климатом, где выпадает очень мало дождей и растёт мало растений.

Рачки – очень мелкие ракообразные животные, по форме похожие на креветок.

Рептилии (или пресмыкающиеся) – большая группа наземных четвероногих животных. Тело покрыто чешуёй. Большинство рептилий размножается, откладывая яйца. К рептилиям относятся ящерицы, змеи, черепахи, крокодилы.

Степь – большая безлесная территория с умеренным климатом и небольшим количеством дождей, покрытая травой.

Травоядные – животные, питающиеся растениями.

Хищники – животные, которые едят других животных.

Чешуя – тонкие и прочные роговые пластинки, покрывающие тело рептилий.

Ответы к с. 30: дикобраз, дельфин, тукан, аллигатор.

УДК 372.416.2
ББК 74.200.585.00
В11

Для младшего школьного возраста

В МИРЕ ЖИВОТНЫХ

Автор Роберт Коуп

INCREDIBLE CREATURES

Conceived and produced by Weldon Owen Pty Ltd
59-61 Victoria Street, McMahons Point
Sydney, NSW 2060, Australia

Перевод с английского *А. В. Тихонов*
Технический редактор *Т. Ю. Андреева*
Корректор *Н. М. Соколова*
Компьютерная вёрстка *О В. Краюшкина*

ISBN 978-5-389-00513-6 (русск.)
ISBN 978-1-74089-687-0 (англ.)

ООО «Издательская Группа Аттикус» –
обладатель товарного знака Machaon
119991, Москва, 5-й Донской проезд, д. 15, стр. 4
Тел. (495) 933-7600, факс (495) 933-7619
E-mail: sales@atticus-group.ru
Наш адрес в Интернете: www.atticus-group.ru

ОПТОВАЯ И МЕЛКООПТОВАЯ ТОРГОВЛЯ

В Москве:
Книжная ярмарка в СК «Олимпийский»
129090, Москва, Олимпийский проспект, д. 16,
станция метро «Проспект Мира»
Тел. (495) 937-7858

В Санкт-Петербурге «Аттикус-СПб»:
198096, Санкт-Петербург, Кронштадтская ул., д. 11, 4-й этаж, офис 19
Тел./факс (812) 783-5284. E-mail: machaon-spb@mail.ru

32 с., с ил.

Подписано в печать 20.03.2009. Формат 70×100 1/16.
Бумага мелованная. Усл. печ. л. 2,58.
Тираж 15 000 экз. Заказ №467.

Отпечатано в ОАО «Фабрика офсетной печати №2»
141800 г. Дмитров Московской области, ул. Московская, д.3